美しく生きよう

はしがき

人はみな、美しいものが好きだ。私もカメラを持って出掛けると、どうしても美しい花や紅葉を撮《と》りたくなる。昔、うず高く積み上げられた自動車の残骸を撮ったこともあるが、それを表紙にした本を一回だけ出版したことがあった。

そこにも美しさはあるが、「より美しい」ものを求めたいのである。その美しさは、形の大小ではない。つき詰めて言うと「真・善・美」と言われる「神意」であろう。人の毎日も、そこを目指して行くと、きっと「美しい人生」となり、真実も、善行も、全てをひっくるめた「幸福な人生」となるだろうと思う。

本小冊子は、持ち歩きしやすい形の本で読みやすいが、必ずしも実行がたやすい訳でもない。しかしきっと「美しく生きる」ことができて、幸せになられると思うから、十分でも十五分でも、お暇な時に読んで下さると有難いのである。

平成十六年一月十五日

谷口清超しるす

美しく生きよう　目次

はしがき

装幀・松下晴美
本文イラスト・丹藤えり

美しく生きよう

決意と実行

新しい家、新しい洋服、新しい計画、新しい畳……みなすばらしい。新しい夫や妻、も又大変結構であるが、これは一生の間に一回だけというのが〝原則〟である。ところが新年だけは、一年ごとに毎回新しくなるのであるから、こんな有難い話はない。

もし家が毎年《まいねん》新しく建て直されたら、どんなに喜ぶ人がいるだろうか。「新しい」ということは、そんなに魅力がある。しかし、新しくなるたびに、だんだん狭い家になったり、貧弱な洋服、ケチな計画となって行っては、新しさの魅力はなくなってしまう。

それ故、今年は昨年よりも、よりすばらしく偉大であり、かつ有意義でなくてはならない。そうならしめるためには先ず、

「必ずそうなるのである」

と認めることが大切だ。何でも、心で認めると、そうなって行く。強く認めるほど、その認める通りの状態を作り出す。それ故、

「私は身体《からだ》が弱い」

と認めていると、決して健康体を得ることは出来ない。

「私は頭が悪く、能力がない」

などと認めていると、よい仕事は出来ないのだ。いくら頑張っても、ちっともうまく行かず、いつも失敗するという人は、自分をそのように「つまらぬ者」と認めているからである。その反対に、

「私は何でもできる〝神の子〟だ」

と断乎《だんこ》として認め、信じている人は、実に楽々と成功することが出来る。それは心が明るく、実相の「神の子」を認め、劣等感を持たず、のびのびと働くからである。

もしあなたが、今まで失敗だらけであったり、不幸や不運に見まわれることが多かったたならば、それはあなたに「実力」がないからではない。あなたがその「実力」を認めていないからである。他人が認める前に、先ず自分自身が認めなければいけない。あなたのポケットに入っているお金は、スリや他人に認めてもらう以前に、自分でチャンと認めて「確認」しておく必要がある。

「お金は少ししかない……」

などと、心細いことを言っていると、買いたいものも買えず、行くべき

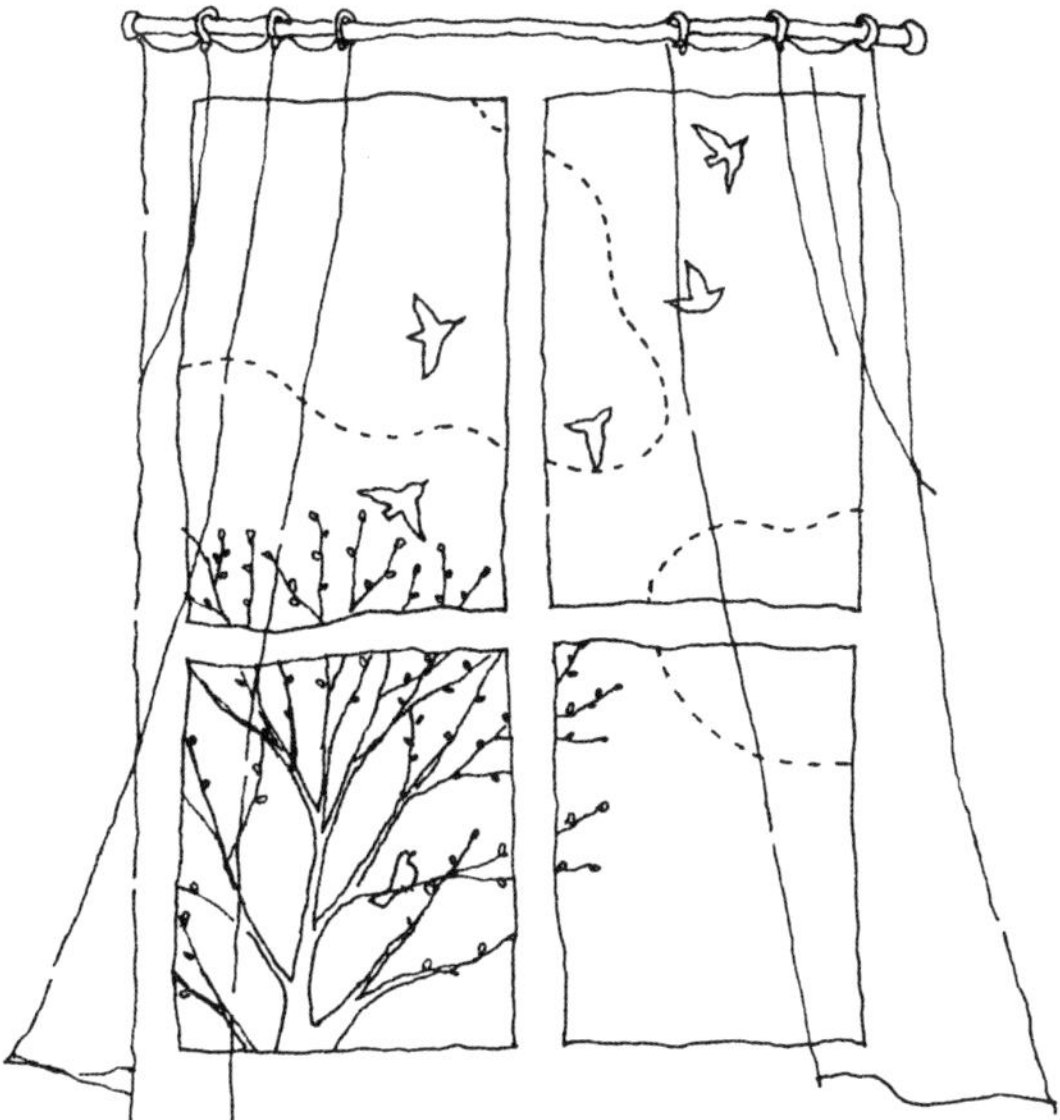

所へも行けないだろう。シオシオと家に帰り、ポケットをさぐって見たら、何と百万円入っていた……などということにもなる。

いや、あなたは神の子であるから、百万、二百万どころではない。一千万、二千万でもないのである。無限億万兆…の大金持《おおがねもち》であり、子や妻や、友人や知人にめぐまれた「大富豪」である。この「実相」を、今年こそハッキリと、神想観によって認めよう。心の中で、繰りかえし、観《み》つめ、描き、認めるのだ。それを毎日やることを、今年こそ決意しようではないか。

過去の記憶と表現

『讀賣新聞』の人生相談欄に、夫が自分の古傷をチクリチクリと非難する——という妻の悩みがのせられていた。この女性は高校時代に愛人と同棲して、高校を中退したらしいが、その愛人とも別れて更生し、今の夫と結婚した。当時、彼女の相談相手となって、色々と助言し忠告し、二年後に彼女と結婚したのが今の夫である。

こんな誠実な男性が、どうして妻の古傷について嫌味《いやみ》をいうのか。人間には誰でも古傷はある。それが一生消えない瘢痕《はんこん》を残している場合もあるが、「愛する」者はそれをホジクルものではない。相手の傷口を繃帯《ほうたい》してあげ、それを癒してあげるのが愛である。それを見ないで、完全さのみを見るのだ。

見ないということは、記憶がなくなることではない。昔の嫌な出来事や、相手の失敗の記憶があることはかまわない。しかしそれをとらえて、相手を非難したり、相手の心を傷つけないことである。

そのためには、どうしたらよいのか。もし古傷の記憶が甦《よみがえ》っても、絶対口に出さないことだ。表現を拒否するのである。それをやりうる男でなければ、男とは言えまい。人間としても〝女々《めめ》しい〟と言う部類に属するだろう。さらに拒否するだけではなく、愛のコトバで相手をゆるし、なぐさめ、さらに美点を称讃するのである。

過去に於いて悪に走ったり、道をあやまったり、失敗した人は、必ず

「今はもっと素晴らしい」のだ。過去が暗ければ暗いほど、今は明るく立直っているのである。その努力や精進は、まさに称讃に価するものではないか。そこに吾々は〝心の目〟をふり向ける。且《か》つその表現を、コトバや態度で示すのである。

そうしているうちに、必ず暗い過去は無力な記憶となる。それは丁度昔見た悲劇の筋書のような記憶と同じになる。「金色夜叉」のお宮さんが貫一さんを裏切ったとしても、いくらその記憶があっても、それがあなたを傷つけるものとはならないように、この悲劇からあなたは離脱することが出来るのである。

人生は全てそのような演劇と同じだ。人の心の筋書で作り出され、演出され、且つ実演されるが、決して「実在」ではない。実在でないのに記憶が残るのは、尾崎紅葉の作品やエドガー・アラン・ポーの作品が、吾々の記憶に残っているようなものである。

それ故記憶にあることをおそれるな。それを「実在」と誤認するな。もしあなたを傷つけたり、騙《だま》したり、裏切ったりした上司がいるとしても、やはりあなたはそれを実在と思うな。それは人生という芝居の過去の一幕にすぎなかったのだ。その同じ役者が、あなたに対しての恩人として、又協力者として、再登場してくれるはずである。あなたの描く心の筋書如何によっては。

良心と仏性

人はみな良心を持っている。それ故、悪いことをすると、「すまない」とか「悪かった」と思うのである。ドロボーすると、どんな人でも「よくない」と判るから、ドロボーさんで幸福な人というのはまだ見当らない。ところが猫は、そうではないらしい。魚屋から魚を盗《と》って逃げても、別に悪いことをしたとは思わないし、ザンゲして魚を返しに来たという話は、まだ聞かない。では、猫に良心があるかないか――？

これは中々重大な問題で、「狗子《くし》に仏性《ぶつしょう》ありや」という禅の公案がある。狗子とは犬の子であるが、猫でも本質は同じである。仏性ありとも言えるが、ないという答えもある。それは「仏性」という言葉の解釈如何で、どちらでも言えるからである。

しかし人間には良心がある。その良心の源はまさに仏性、あるいは神性であるから、人間は神性・仏性であるともいう。ところが、人間が仏性を持っているとか、人間に神性が宿っているというと、何か少し変ってくる。それは人間には神性・仏性以外の色々のものがあるように思えるからだ。

実際吾々に「良心がある」という場合、それが出て来たり、引っ込んだりするように感ぜられることが多い。人が何かよからぬことをしている時には、この良心氏は引きこもっていて、お出ましにならない。ところが悪事をおえて帰宅し、さて夜ふけになって反省すると、良心氏は出て来て、吾々に〝注意〟を与えるのである。
そのような実感のまま、良心という言葉が使われて来たから、良心は仏性そのものとは言い難い。いわば仏性の現象界へのあらわれの一端であろう。それは丁度、雲間にかくれた月が、時々ハッキリと出て来るようなものである。

吾々は実在を説明する時、円月をもってし、現象を説明する時、雲にかくれた月や、三日月などを以って例示する。それはあくまでも「説明」のたとえ話であるから、本当の実相と現象を完全には示してはいない。本当の実相は、現象と対立したものではなく、絶対的な実在である。従って月と雲、あるいは月と地球との対立したような関係にはないのである。

それ故人間に仏性ありというよりは、人間は仏性そのものであり、神性それ自体であると言う方が正しく、「人間に仏性あり」では、何となく「人

間に良心あり」に近い表現となり、真実から遠ざかる。そして又、このニュアンスに示されるほどの違いが「良心」と「仏性」との間にはある。

このような訳で「人間に良心がある」と言うが、「人間は良心である」とは言わないのである。さらに又その中間あたりに「人間には仏心がある」という表現もありうるだろう。

神と犬と知識人

この人生に於いては、色々の出来事を経験する。職業につくまでにも、学校で沢山の課目を教えられる。中には自分にとって苦手《にがて》な課目もあり、体育や音楽が嫌いという人もいる。将来の職業にその課目は「不必要だ」と思うかも知れない。

しかし人間は本来無限力をもつ「神の子」であるから、その奥底に凡ゆる可能性を秘めている。従ってどんな勉強でも人格形成には役立つし、一業に熟達すると、他の業種にも通用する知識や技能を身につけることができる。又別の機会に、どうしてもその仕事をしなければならなかった経験が、次の職業についても、大いに役立つという場合もある。

それ故、人生ではいくら回り道をしたようでも、そんなに大して遠回りしているわけではない。たとい遠回りをしても、その人生道中で、他の道を通っていては味うことの出来なかった数々の特別体験を得、心をこえ太らせているのだ。中には、遠回りの最中に、現在の配偶者と知り合い結婚し、沢山の子供を生んだという人もいる。するとその遠回りは、遠回りと思っただけで、実は必修課目であり、この人生での正式のコースだったのであろう。

多くの人々は、仕事の変更や行き詰りを、最大の不幸と思いこむが、本当はそうではない。人生は「変《かわ》るべき」所があるし、必ずそのような「曲り角」につき当るものである。いざ突き当るまでは、そこから左に行く道や右に行く道の見通しは利かないが、行ってみると見通しがきくものだ。

ところが人々は、曲り角に来ないうちから「見通しのきかぬこと」を苦にして悩むのである。それは出産以前に、お産を苦にしてあれこれ心配している人に似ている。このような時、人は最もたよりになる全智全能者の助言に耳を傾けるべきである。

この全智全能者を「神」という。人はとかく神をみとめず、その声を無視し、ひとりで悩み苦しみ、果てはノイローゼや自殺に追い込まれて行く。それはあたかも食堂の前にたたずんで、「腹がへった、何かたべたい」と唸《うな》っているような人たちである。生憎《あいにく》、この食堂の前には、大きなタレ幕がかかっていて、それをくぐらなければ中が見えない。そこで人々は言う。

「こんなきたならしいタレ幕をくぐるのは、知識人の恥である。だからどこまでも独力で食い物をさがす外はない」と。

　何故こんなことを言うのであろうか。それはタレ幕や食堂に対する大変な無智と偏見を示している。自分では知識人と自惚《うぬぼ》れても、それは目に見えるものに幻惑された「犬の知識」にも似た知識にすぎない。そう言えば、犬のような動物達は、全て「神」を知らない可哀そうな生き物であるようだが……。

宝の持ぐされ

もし貴方が健康でなかったなら、何とかして健康を回復したいと思うであろう。しかし健康な人はもう「健康になろう」とは思わない。そこでよく「人はない物を求める」と言う。しかし本当にない物は、求めることが出来ないし、第一求める気にならないはずだ。例えば人は頭が一つであるから、二つの頭は求めないし、目も二つ以上は求めない。三つ目があると便利かも知れないが、それは希望しないのである。

そこで人は、無闇《むやみ》やたらに求めているのではなく、「当り前」を求めていることが分る。ここに言う「当り前」とは「本来の姿」であるから、人間が健康であるのは当り前であり、それは誰でもがそうなのだ。誰でも「豊かさ」を求め「永生き」を求めているから、豊かで永遠に生きるのが本当である。つまり人間の本当の姿は豊かで、健康で、〝永遠に生き続ける者〟だと言わなければならない。

所がこれは大変なことであって、〝死なない人間〟であるから、「神さま」なのだ。つまり人間は、本当は神さまである。完全であり、円満であり、豊かで、健康で、死なない者である。これを「実相」というが、この事を認めていない人が多いのは誠に残念だ。何故なら、折角それが実在としてあっても、それをあると認めていないと、現れて来ないからである。又そういう人はとかく「現し出そう」ともしないものだ。

例えばもし人が「自分は健康でなくて、弱いものである。頭も馬鹿で、気も小さく、間抜けである」と信じていると、いくら「神の子」で、素晴らしい力があっても、その力を出そうとしない。たとえ出そうとしても、中々出て来ないのだ。前にのべたように「お金がない」と思っている人が、買物をしないようなものである。ある人が入れ歯がなくなったと思って、いくら探しても見つからない。フト気がつくと、自分の口の中にあった。

だから「金がない」と思うと、店に入って、「これを下さい」と言う事も出来ない。ところが実はポケットに沢山お金があった。すると、

「ああ、買っておけばよかった」

ということになるだろう。つまり「ある」と思って認めないと、折角アルものでも使えない。従って、能力でも才能でも、それがアルことに気がつき、それをハッキリ認めることが極めて大切なのである。

病気を治す力も、全ての人には先天的に備わっている。全ての病気は「この力」によって治っている。しかしそれを認めていない人、あるいはちょっとだけ認めている人には、折角ある「この力」が充分出て来ず、いつまでたっても虚弱であったり、病気勝ちであったりするのである。

人間のいのちそのものでも、多くの人は「無限に生きる」とは中々気づいていない。それは同時に「無限能力がある」ということだが、それも知らないでいる。全然知らないのではないが、少しだけ力があると思っているから、自分の認めただけの「少しの力」だけが、細々と出てくる状態だ。何と勿体《もったい》ない、「宝の持ぐされ」であることよ。

ハイの生活

「夫のいうことをハイときけ」というと、大変ホーケン的だと思う人がいる。それなら、泥坊せよと言われたら、ハイ、といって泥坊するのですか。あの人を殺せ、といったらハイといって殺すのですか――ときく人もいる。

しかしこれは仮定の問題であって、「もし核戦争になったら、どうしますか」ときかれても中々答えられないし、「今すぐ大地震が起きたら、どこへ逃げたらよいでしょう。もし夫がいなかったら、夫のいうことをハイともきけません」などといって、人を困らすようなものだ。

大体、夫の心と妻の心とは大変関係が深いもので、妻の心が「夫にハイと言いましょう」というようになると、夫もまた「妻をよろこばせ、責任のある態度をとろう」というように変る。先ず心が変るのであって、心の中で、「うちの夫はバカヤローであるから、何を言い出すか分らない。しかしコウナッタラもうヤケクソで、何でもハイといってやろう」と思いながら、ハイと言うのではないのである。

すべての人の心は色々な態度や声の調子、表情にもあらわれる。そこでブスッとして嫌々《いやいや》ながら「ハイ、ハイ」と答えるのと、よろこんで嬉しそうに答えるのとでは、まるで違った結果が出る。心の中で、

「うちの夫は、実にすばらしい。その判断はきっと正しいにちがいない！」

と思っていると、そうなるのだ。ところがこれに反して、

「うちの夫は、きっと間違ったことを言うだろう」

と思っていると、そのようにデタラメをやり出す夫が出来上るのである。これは「信じた通りになる世界」という原則があるからで、この法則と、先ほどのハイの精神とを重ね合わせるならば、ハイという心は、まさに相手を信じ、夫を「すばらしい神の子」と信ずる心と一致する。そこで、必ず立派な夫になるのである。又、一時、とても出来そうにもない事を言い出しても「ハイ」とよろこんできいていると、あとで「あれはやめにしよう」という場合もよく出てくる。

そんな時、「さっきこれこれをせよとおっしゃったんですから、あなたの責任です。私はやめません！　断然やります！」などというのは、夫のいうことの一部をハイ、一部はイイエで頑張ろうというのであって、本当の

ハイの心ではない。

「ドロボーに行こう」

「ハイ」

「……いや、ヤメにしよう」

「ハイ、やっぱりあなたはすばらしい……」

というようなことで、たのしく面白くて、又さらに若干《じゃっかん》のスリルもある生活が展開される。どうです、一つやってみませんか?

神の子と神の被造物

人間は全て神の子である。それは神の持ち給うている全徳を受け継ぐ者であるから、神の独り子とも言う。キリストもそう言われたし、釈尊は「天上天下唯我独尊」と言われた。それを神の独り子は、たった一人だけであると思いちがえて、キリストだけが神の子で、あとの全人類は神の子でないと考える人もいる。すると一体全人類は誰が作り、誰の子であるのかということになる。又同時に、何故神は不完全な人類を沢山お作りになったのか、その意味が判らなくなるのである。

もし神の子がイエス一人きりであれば、イエスの生れられる以前の世の中は「見捨てられていたのか」「神はいささか能力不足ではないか、又怠慢なのか」という質問も出て来るであろう。しかし神は全能であり全智であるが故に、全ての人々を完全に造り給い、かつ一切の存在を大調和に造り給い、いかなる矛盾も撞着《どうちゃく》も、争いも死も病《やまい》もないのが本来相であるといわざるを得ないのだ。

従ってこの世の中の矛盾撞着は、実は仮りの姿であり、ただそう見えているだけの〝現象〟であると言う。死も病も、倒産も角逐《かくちく》も本来ナイのである。ナイけれども、仮りにあるように現われている。それ故人々はその仮相を打ち消して、真実の大調和と不死不滅の世界を実現したいと、心の底から念願するのである。

これは人間にだけある願いであって、他の動物や植物等には、そのような願いは起らない。動物たちは仲間の死を悲しむことはあっても、大調和を願うところまでは行かないし、死を恐れて逃げようとはするが、不死不滅の世界を悟ることはできない。それは彼らに神の全徳が与えられていないから、その一部でもって全相を思うことが出来ないからである。

そこで人間以外の存在は「神の被造物」と言い、「神の子」という言葉は、普通は、人間に対してのみ使う。しかし被造物には神そのものを知ることが出来ないが、神の恩恵をうけることはできる。それは丁度人間の作った机が、作者である人間を知りえないけれども、その人の愛念をうけて、充分立派に光り輝くことが出来るようなものである。人間の作った花が、人間の愛護をうけて美しく咲くことができ、時には「聖経」をよんでもらって害虫からまぬかれることが出来るようなものである。

それは花や机が「聖経」の中味を理解し、神を知ったからではなく、そ

のごく一部の御徳をうけ、それを表わし出したのだ。この原則により、今では全世界の人々から恐れられているエイズのウイルスにしても、あるべき本来の姿にかえり、人々に害を与えず、かえって何らかの役に立つことの出来る〝大調和〟をあらわし出すこともできるのである。

人間の成熟

すべての人間は「神の子」であるから、「神」である。猿の子が猿で、犬の子が犬であるようなものだ。そこで昔の日本人は、人を神としてお祭り申し上げた。その直観力の偉大さには頭が下る。外国のように、誰かさんだけを神にしたり、仏にしたてたのではない。皆、神々である。神々のむれつどう国、それが本当の日本（高天原《たかあまはら》）であると考えた。

従って、人間は死なないのである。神さまが、死ぬはずはないからだ。そして日本人は、人間が死ぬのを「お隠《かく》れになる」といった。それは消え去るのではなくて、どこかへ隠れてしまったのだから、「見えなくなる」という意味だ。見えなくなっても、無くなるのではない。隠れただけという考え方で、どこかに生きている。人間は生き続ける神さまなのである。

しかし勿論《もちろん》肉体は死んでしまう。これは誰でも知る通りであって、誰一人うたがう者はいない。あいつは信仰深いから、彼の肉体は死なないで、三千年たっても、まだ生きている、というような例はない。あったら、「すばらしい」かというと、そんなこともない。さぞそれは古めかしく、小さくて、皺がよっていて、きたないだろう。そんな肉体を、今でも使っていてはとても不便であり、色々の変化にとんだ生活ができないから、人間は肉体をとりかえて、時々捨て去るのだ。

それはセミの幼虫が、地からはい上って殻を脱ぎ捨てるようなものである。セミは一回しか脱皮しないが、人間は何回でも肉体という殻を脱ぎ捨て、よりすばらしい「神の子」をあらわし出して行く。その殻の脱ぎすてが、肉体の死である。

それ故、宗教を、この肉体を長く保存するためのものと思ってはならない。人は時々、死にかかった病人を宗教の現場に連れてきて、「治してくれ」というが、そんなことは、宗教本来の役目ではなく、それは病院の役目だ。ところが、病院で見はなされた病人を、宗教の現場に連れて来る人がある。これは、肉体を死なないようにするのが、人間の幸福だと思いちがえているからであろう。

人間の本当の幸福は、人間そのものは死なない「神の子」であり、「神」なのであり、「仏」なのだと、ハッキリ知ることである。肉体はその殻のようなものであるから、適当な時が来れば脱ぎかえる。だから、いくらそれにさからっても無駄なのである。

だが時期が来ないのに、早めに脱ぎかえると、殻の下の人間の心が、まだ充分目ざめておらず、「早すぎる」ということもあるから、何もあわてて死ぬ必要はない。テンプラをあげる時も、あまりあわてて油から引き上げると、生やけで、うまくない。そのように、生煮えの人間の魂は、うまみがない。何でもしっかりと、コンガリと、煮つめ、成熟させることが大切なのである。

ただ生き通している

度々言うように、人間は神の子であり、仏の子であり、大自然の子である。それ故、大自然から離れると、神の子らしくなくなるのだ。人はとかく「自然」というと、物質ばかりで出来ている世界のように思うが、本当はこの大宇宙も大きな「心」のようなもので、物質界はその中のごく一部分をすかし見ているだけである。

たとえばある人がレントゲン写真をうつすとしよう。するとフィルムには胸の肋骨や肩の骨あたりがうつり、まるでガイコツのように見える。しかし本当の肉体には、肉も皮もあり、血も通っている。その方がより本当であって、ガイコツはそのごく一部をすかして見ているだけだ。

言いかえると、他の多くの部分を見落しているから、そう見えているのである。物質世界もそうしたもので、これは「本当の世界」そのものではなく、「神の国」のガイコツのようなものだ。本当の「大自然」は神の国であり、完全円満であるが、物質の自然界はどうしても不完全に見えてしまう。それは丁度レントゲンにうつった写真のように、感覚によってすかし撮りしているからである。

それ故レントゲンで肉体をとって、ここに癌らしいものがあると思っても、それはそう見えているだけで、「神の子・人間」に癌があるのではない。けれども肉体の上に何か異状が出ているということであるから、それをよくする方がよい。そのためには、本人に癌と言わないで、普通の出来物だと言っただけでよくなるものではない。嘘《うそ》を教えて、〃本当の姿〃を引き出そうとするのは、邪道だからである。

たしかに面倒くさい説明をするより、「ちょっと外出しますから」とか何とか言って、嘘を言い相手の要求をことわる方が便利かもしれない。しかしそんな嘘の情報が乱用されると、この世の中で信ずるものは何もないということになるだろう。

すると宗教的な教えでも、「信じられない」というようになるかも知れない。人間は「神の子で、死なないのである」というのも、そう言っておくと人々が安心するから、「嘘を言ってごまかしているのではないか」と思う人も出る。「必ずよくなるよ」と言っておくと、治りやすいから、そう言っておく、というような、「治す方便」として神の子・人間・不死・不滅が説かれるのは正道ではないのである。

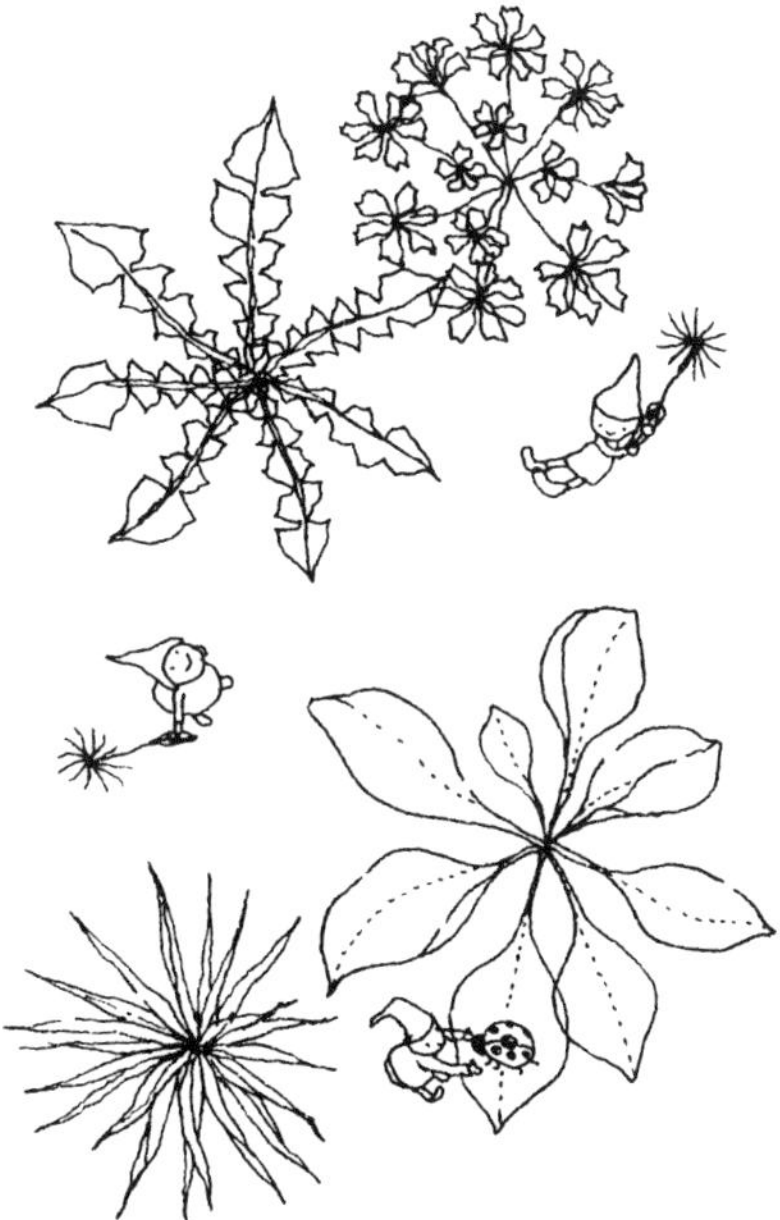

絶対に本当のことであるから「死なない」というのだ。たとい肉体が死んでも、なおかつ死なないいのちだから、「死なない」というのである。誰かが霊魂として出てきて、「わしはまだ生きとるぞ」と言うから死なないというのでもない。キセキが起るからでもない。平々凡々としていて何事もなく、「当り前」でいながら、人間は神の子であり、仏であり、死なない、生き通しのいのちなのである。

左進右退

いつの頃からか女性の洋服が右前になった。西洋でも大昔は、男女ともに左が前、右が後になるように着たそうだ。これを「右前」という呼び方もあるが、ややこしいので、「左前」ということにする。これは「左進右退」の根本法則から自然にそうなったのであり、日本の着物は勿論このやり方である。ところが西洋ではいつしか「右進左退」の右前になった。がしかし最近では女性の洋服にも、次第に左前の男性と同じスタイルが増えてきている。

このような現象は卐字《まんじ》にも起っている。卐字はもともと万という字の正字で、左進右退の卐字であった。それが吉祥を表わすので〝吉祥卐字〟とも言われたものだ。それがいつしか仏教では、右進左退の卍字が使われ始めたのである。

しかし本来の卐字は宇宙の根本原則である左進右退を示す卐字が本当で、生長の家のマークでは中央にこの卐字が使われている。というのは、そもそも「左」は日足《ひだ》りであり、陽を表わし「右」は水極《みぎ》であり、陰を表わすからである。陽は進み、陰は退く。この根本原則がどうして崩れたのか。

言うまでもなく、この現象宇宙には吾々人類の心が反映する。それは太陽の表面を黒雲が蔽うと、本来の太陽の輝かしさが蔽いくらまされるように、実相が隠蔽せられ、ニセモノの現象が現われてくる。こうして「左進右退」が「右進左退」となったのだ。

ではどんな心がそこに出現したのか。左が陽を表わし、男性あるいは精神を象徴するのに対して、右が陰を表わし、女性あるいは物質を象徴することを思うならば、人類の心が〝物質主義化〟したと解する他はない。古代の人類は、本来の宇宙法則を〝そのままの心〟で受信し、すこぶる精神的であり、霊的であった。ところが次第に物質的欲求を重大視するようになり、霊よりも物を重んずるようになった。その傾向がことに西欧に表われ、女性優位となり、その心が女性の洋装にも現われてきたのである。

一方仏教にも、本来の「山川草木国土悉皆成仏《しつかいじょうぶつ》」的唯《ただ》仏のみましますという信仰が崩壊し、「全ては因縁の仮和合《けわごう》」的空無唯物仏教が大勢を占《し》め、次第に葬式仏教化していった。この心情がいつとはなしに具象化して、右進左退の卍が用いられるようになっていったのだ。しかしやがてこの間違いに人類は気付いてくるに違いない。又そのように導いていかなければ、将来の人類の真の発展はありえないのである。

何故なら、それこそが宇宙の根本法則であり、これに背反した真の繁栄も慶福もありえないからである。従って経済的発展も、「精神的、霊的」な自覚を抜きにしてはありえないのである。

実在する人格

人間のすばらしさは、その外見にあるのではない。外部に現れている肉体は、老いるに従って不自由となり、部分的には故障も起りやすくなるであろう。しかし内部の魂は、齢を重ねるに従って益々光り輝き、その愛と智慧は果しなく全てのものを光被《こうひ》する。それは「実相」が現成《げんじょう》するからであり、時空《じくう》を超えた「実在」が、時空的次元に影を落すからである。

そのような中味こそが最も大切であって、肉体のような外形は、主体ではないのである。それは丁度品物を包む包装紙のようなものであり、外箱のようなものだ。それをいかに立派にしても、中味がおそまつでは全く仕方がない。これに反して、中味がすばらしければ、外箱などにあまりこだわる必要はないのである。

しかし人はとかく外形を飾りたがる。地位や名誉や学歴や財産などにこだわり、これを人間の値打ちそのもののように錯覚する。こうしてそれらを得るために不正行為に及ぶ者も出てくるが、これでは「エビで鯛を釣る」のではなく「鯛でエビを釣る」結果になるであろう。

そんなバカなことをする者は居まいと思うかも知れぬが、現実にはいるのである。彼らは悪事がバレなければ、それで人生は一応終結すると思うらしいが、人生に終着点はない。肉体が死んでも、まだ人生はいくらでも続き、あの世（次生《じしよう》）もあれば、さらに生れ変った次の人生（後生《ごしよう》）もある。そこで悪事は必ずバレルのである。善事は善果をもたらし人格を高めあげるが、悪業は悪果をもたらし、盗んだものは返さねばならず、奪ったものは又さらに奪われる。

この「因果律」がよく分るだけでも、人は無駄な隠し事をしなくなるだろう。悪事は隠し了《おお》せるものでなく、必ずその報いを受けると知るならば、悪事を積み重ねる代りに、善事を行い善果を得べく努力をするであろう。こうして積善《せきぜん》行為をなし続ければ、自然に魂が光り輝き、その人の本質「神性・仏性」を表出するのである。

それはもはや「善果」を得ようとする小善行ではなく、善因の自《おのず》からなる展開である。光源が輝くから、光が出るようなものであり、光を出すために光源が光るのではない。この働きはまことに自然法爾《じねんほうに》であり、何らかの報酬を求める目的行為ではない。「ただそのまま」を為すのであり、いわば〝行雲流水〟である。そこには「ただひたすら」なるまごころだけがあ

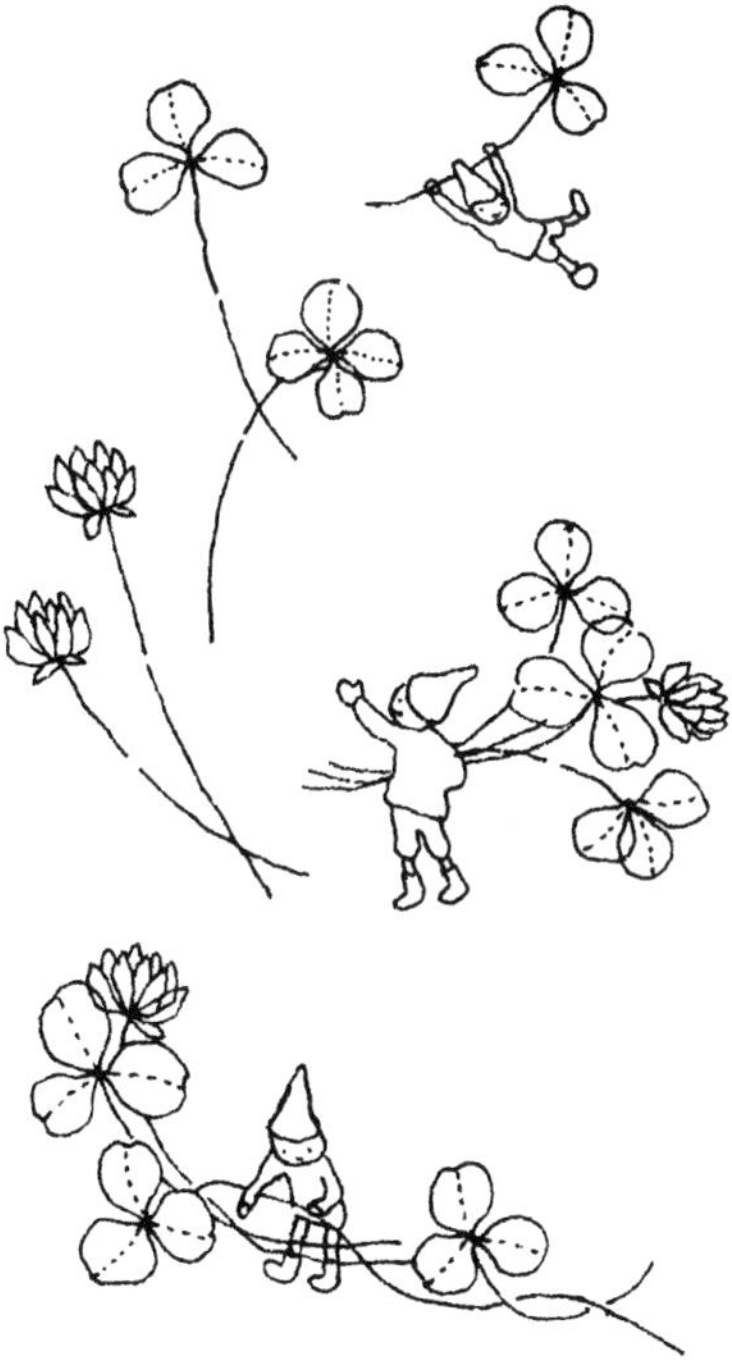

る。この心が人間の「本質」であり、本来の「神性・仏性」である。

それ故、このような人は自由であり且つ中心に帰一するものだ。その中心は神意そのものであるから、権威の強制によらず、ただそのまま自然法爾にそうなるのだ。彼らにとって、もはや外形はナイ。ただ「神性・仏性」の中味だけが「実在」するのである。

山川の経典

仏典には「色即是空」と説かれているように、「現象は本来ない」のである。ないけれども、千変万化して現れている。これを「空即是色」という。ないのにどうして「あらわれる」か、と訊《き》く人もいるが、「あらわれる」という場合は、必ずその現象を受取る「受像者《じゅぞうしゃ》」がいる。「満月が現れた」と言っても、それを鑑賞する者がいない場合は、ないのとおなじである。そもそも「現象」とはこちらがわの受像者の認識であって、それは決して絶対的なものではないのである。

つまり同じ「月」を見ても、見る者によって色々変化して感受される。雲を通して見る人は「曇った月」と見るし、近眼の人が眼鏡なしで見れば、ボーッとみえる。又蛙が見たら、人間のように「美しい月」には見えないはずだ。犬が見ても、人間ほどには見ていないのである。さらに又人によっても夫々「見えかた」が違うし、日によっては欠けて見えたり、三日月に見えたりする。

このように「千変万化する」ということは、それらの現象が、すべてその通りにあるということではなく、ある「実在」が色々に変化して見えている、つまり「現象は実在ではない」ということである。

しからば「実在の月」は如何というと、これを「実相の月」ともいうが、実に完全円満な「仏の国の月」である。それはもはや「物質の月」ではないのであって、言わば「霊性の月」である。いや、月ばかりではなく、太陽も星も、地球も、またその上の山川草木、ことごとくが「仏性」のそれである。これを釈尊は、「山川草木国土悉皆成仏」といわれたとされている。即ち山川草木は〝仏の現成〟である。仏がそこに鳴り響いているのだ。「仏性の山川草木」が今吾々には「地上の山川草木」と見えているのである。

従って吾々が五感に引掛からなければ、「仏性の山川草木」が感得される。つまり地上の山川を見て、「ここに仏がまします」と言うことができるのである。それは物質を仏と錯覚しているのではなく、「もの」にあらざる「仏」を観ている言葉である。それは丁度吾々が父の写真を見て、「お父さん、お早うございます」と挨拶しているようなものだ。あるいは又その写真を知人がみて、「これはどなたですか」と聞く時、「これはわたしの父です」と答えるようなものである。

この場合「写真そのものが彼の父だ」と錯覚するものは、余程の愚か者であり、本当の父はこの写真とは別の世界にいると言うことを皆知っている。知っていながら、「これが父です」と言い、「なるほど貴方にそっくりですね」などと言う。

かくの如くして、人は現象を通して実相をみるのである。見るばかりではなく、その声をきき、心をしる。それ故、山川草木が仏の声を伝えてくれ、説法をする。こうして現象界の森羅万象《しんらばんしょう》は、法を説くところの一大「経典」と見做《みな》されるのである。

神の子・人間

人を愛するのは、とても美しい行為だ。しかし「おべんちゃら」を言うのは醜《みぐる》しい。それは相手を愛しているのではなく、相手を利用して自己を売りつけようとしているからである。本当の愛は、はじめは判らなくても、次第に現れてくる。「おべんちゃら」も、はじめのうちは効果があるようでも、やがて化けの皮がはがれてしまうものである。

人が美しく気高いのは、正しく愛を行じている時であって、何ものかにこびへつらっている時ではない。こびへつらう時、とかくそのものを独占しようとする。自分だけが相手に近づこうとする。そうしないと不安だからだ。必然的に、独占体制が敷かれるのである。

このような体制下にあっては、真実がねじ曲げられる。「ハイと言いなさい」などといって、訂正の余地を奪い去る。人間のやさしさや素直さは、このような体制に随順して、自己をおし殺し通すことにあるのではない。常に「神意」に従い、「そのままの心」を生きることにある。

「そのままの心」はとても美しい。それは蝶が花に舞う如くであり、水が低きにつくが如くである。それは真実そのものであるから、誤魔化《ごまか》しも恐れもない。独占しなくてもそうならざるを得ないから、無執着であり、解放であり、解脱《げだつ》である。そのままの心、幼な児の心をもつ人、真に素直で人間らしい人がそこにある。

愛はひっきょう独占とは別ものである。ヒトラーなどがその独裁制を維持するために払った努力が、今はもうお笑い草であるように、真の愛にそむくものは崩《くず》れ去る。そして人々はミイラを見て気持悪がるように、独占欲と我執の残骸《ざんがい》に吐息するのだ。

人はどうしても執着を捨てなければならない。それは次第に魂が高まるからである。我《が》の心がのさばっているほど、人は苦しい。他人がどんなによくしてくれても、それでは満足できない。まるで餓鬼《がき》のように、いくらでも欲しくなる。ついに金品をねだり、餓《う》え渇《かわ》くのだ。

人を縛ると、自分も縛られる。がんじがらめに縛られて地獄の責め苦にあう。そこから逃《のが》れ出る道は唯一つ、「執着を捨てる」ことである。そのためには愛行をすることだ。できるだけ多くの人々に愛を与え、祝福を与え、笑顔を与え、讃嘆を与え、神に全てを委《ゆだ》ねるのである。

自己を神に全て投げ与えることによって、人ははじめて「神の子」の幸せをうる。

愛して輝け

冬は、とかく雪が降り積る季節である。しかしいくら白皚々《はくがいがい》の田地や山野でも、やがてその雪は解《と》ける時が来る。それは春の太陽が暖かく大地を照らすからであり、雪を蹴散らすブルドーザーやトラックの大群によってではない。

それと同じく、この世の中の悪と見えるものを消し去ろうとするならば、その悪と闘い、これを殲滅《せんめつ》せんとする苦闘によってではない。その努力は高く評価されるにしても、尚《なお》かつそれ以上に強力な方法は、善をなし、愛を行うことである。それは丁度「太陽の光」が「積雪」を消し去るようなものである。

しかも愛は悪しき者の上にもふりそそぐ。光の照る如く、愛は何の力《りき》みも、敵対心も持たないのである。太陽が雪を消すのは、雪を消そうとして努めるのではない。ただ照るだけである。すると雪は自然に消え去る。そのように愛は悪を認めず、善をすら捉《つか》まない。善悪を思わず、ただ愛し、ただ祈り、ただ光り輝き、感謝する。そのまま光り、輝き、罵《ののし》られても愛し、嘲《あざけ》られても輝くのである。

太陽が照るのは、「雪が消えるため」ではない。「何時までに解かそう」とするのでもない。それ故万年雪が残っている土地もある。しかし太陽はあせらず、怠らず、ただ光り、ただ輝くのである。

そのように愛も、本当は「ただ愛する」のだ。悪を消そうとか、こらしめようとは思わない。けれども愛は、間違いを放置したり、そこを避けては通らない。光が大雪を回避しないようなものである。人種差別もなく、田舎《いなか》と都会の区別もない。父だから、母だからでもない。継母は愛しない——ということもナイのである。父が倒産したから、もう愛しないという愛など、全くありえないのである。妻がのろまだから愛しないとか、息子が出来マズだから愛しないということもない。ただ愛し、輝き、照りわたるのだ。

光が大地を照らすが如く……

その土地が値打ちがあるからでも、別荘地だからでもない。どんな裏庭の土地でも、ただ明るく照らすのである。すると雪はいつしか解けて行く。しかもその解ける順序を、指定しないのである。「どこそこから解けよ」とも言わない。「どこそこが解けないと、後の仕事が出来ない」とも言

わないのだ。

ただジワジワと、広く、ゆたかに、愛ふかく、公平に、明るく、照り輝く。すると自然法爾に、雪は解けるべき所から解けて行く。人も亦《また》そのように、愛によって、救われる人から救われて行く。

「先ずわが息子を救わぬと、他人は救えない」

と言うなかれ。隣人への愛は、同時に、家族への愛である。ただ愛し、光り輝き、あつく、愛深く、輝くことが肝要である。

美しく生きよう〈完〉

美《うつく》しく生《い》きよう

平成十六年二月二十日　初版発行
平成二十九年二月十日　六版発行

著者　谷口清超（たにぐち　せいちょう）〈検印省略〉

発行者　岸　重人

発行所　株式会社　日本教文社
東京都港区赤坂九―六―四四　〒一〇七―八六七四
電話　〇三（三四〇一）九一一一（代表）
〇三（三四〇一）九一一四（編集）
FAX〇三（三四〇一）九一一八（編集）
〇三（三四〇一）九一三九（営業）

頒布所　一般財団法人　世界聖典普及協会
東京都港区赤坂九―六―三三　〒一〇七―八六九一
電話　〇三（三四〇三）一五〇一（代表）
振替　〇〇一一〇―七―一二〇五四九

印刷　東港出版印刷株式会社
製本　牧製本印刷株式会社

定価はカバーに表示してあります。落丁・乱丁本はお取り替えいたします。

ISBN978-4-531-05236-3